无障碍环境建设法
学习宣传本

中国法制出版社
CHINA LEGAL PUBLISHING HOUSE

图书在版编目（CIP）数据

无障碍环境建设法学习宣传本 / 中国法制出版社编. —北京：中国法制出版社，2023.7
　ISBN 978-7-5216-3731-1

Ⅰ.①无… Ⅱ.①中… Ⅲ.①残疾人-城市道路-城市建设-法规-中国②残疾人-城市公用设施-城市建设-法规-中国③残疾人住宅-城市建设-法规-中国 Ⅳ.①D922.182.3

中国国家版本馆 CIP 数据核字（2023）第 115779 号

责任编辑：胡艺　　　　　　　　　　　封面设计：杨泽江

无障碍环境建设法学习宣传本
WU ZHANGAI HUANJING JIANSHEFA XUEXI XUANCHUANBEN

编者/中国法制出版社
经销/新华书店
印刷/三河市国英印务有限公司
开本/850×1168 毫米　32 开　　　　印张/1.75　字数/21 千
版次/2023 年 7 月第 1 版　　　　　　2023 年 7 月第 1 次印刷

中国法制出版社出版
书号 ISBN 978-7-5216-3731-1　　　　　　定价：15.00 元

北京市西城区西便门西里甲 16 号西便门办公区
邮政编码：100053　　　　　　　　　　传真：010-63141600
网址：http://www.zgfzs.com　　　　　编辑部电话：010-63141839
市场营销部电话：010-63141612　　　　印务部电话：010-63141606

（如有印装质量问题，请与本社印务部联系。）

出版说明

无障碍环境建设是保障残疾人、老年人等群体平等充分参与社会生活的一项重要工作，是国家和社会文明的标志。制定无障碍环境建设法，提升无障碍环境建设质量，对于加强残疾人、老年人等群体权益保障，增进民生福祉，提高人民生活品质具有重要意义。

《中华人民共和国无障碍环境建设法》（本书以下简称《无障碍环境建设法》）于2023年6月28日通过①，这是我国首次针对无障碍环境建设制定专门性法律。《无障碍环境建设法》在现有法律法规的基础上，积极适应新时代、新任务、新要求，从设施建设、信息交流、社会服务等方面，全面系统地对无障碍环境建设主要制度机制作出了规定。

---

① 根据中华人民共和国主席令第六号，《中华人民共和国无障碍环境建设法》由中华人民共和国第十四届全国人民代表大会常务委员会第三次会议于2023年6月28日通过，自2023年9月1日起施行。

为了帮助广大读者更好地学习和了解《无障碍环境建设法》，推动新时代残疾人事业、老龄事业的高质量发展，认真做好学习宣传和贯彻实施工作，特编写此学习宣传本。

本书具有如下特点：

一是配上了知识点和案例，梳理延伸知识，便于更好地普及法律。

二是采用了大字版式，从而更加适合读者学习使用。

三是条文编写了条旨，便于读者更好地理解法条主旨意思。

四是采用了双色印制，区分不同板块，提供更好的阅读体验。

希望本书能够充分发挥作用，为大众学习、了解《无障碍环境建设法》及延伸相关知识提供一定便利和帮助。同时，也希望本书能为新时代法治宣传教育工作的持续开展起到一定助推作用。

目 录

中华人民共和国无障碍环境建设法

第一章 总　　则／1

第一条　【立法目的】／1

　　　　知识点：什么是无障碍环境／1

第二条　【国家采取措施推进无障碍环境建设】／2

第三条　【无障碍环境建设的基本方针】／3

第四条　【无障碍环境建设的原则】／3

第五条　【无障碍环境建设应当与经济社会
　　　　发展水平相适应】／3

第六条　【无障碍环境建设的经费保障】／3

第七条　【政府职责】／3

第八条　【残疾人联合会、老龄协会等组织
　　　　协助责任】／4

第 九 条 【制定无障碍环境建设相关规定时应充分征求相关意见】/ 4

第 十 条 【国家鼓励和支持社会力量参与无障碍环境建设】/ 4

第十一条 【无障碍环境建设工作的表彰和奖励】/ 4

知识点:《无障碍环境建设法》的诞生/ 5

第二章 无障碍设施建设/ 6

第十二条 【新建、改建、扩建的设施应符合无障碍设施工程建设标准并与主体工程同步进行】/ 6

第十三条 【国家鼓励在无障碍设施建设中采用先进的理念和技术】/ 7

第十四条 【工程建设单位应将无障碍设施建设纳入预算、不得违反无障碍设施工程建设标准】/ 7

第十五条 【工程设计单位应当按照无障碍设施工程建设标准进行设计】/ 8

第十六条 【工程施工、监理单位应按照设计和标准进行施工和监理】/8

知识点：无障碍环境及其建设和设计的标准/8

第十七条 【邀请残疾人、老年人代表及相关组织参加意见征询和体验试用】/10

第十八条 【对既有的不符合标准的工程应进行无障碍设施改造】/10

第十九条 【支持、指导家庭无障碍设施改造及适当补贴】/11

第二十条 【残疾人集中就业单位应建设符合标准的无障碍设施】/11

第二十一条 【新建、改建、扩建公共设施等应按标准配套无障碍设施】/11

第二十二条 【国家支持城镇老旧小区加装电梯等无障碍设施】/12

第二十三条 【城市主干路、主要商业区等区域应按标准建设、改造无障碍设施】/12

案　　例：贵州省罗甸县人民检
察院督促保护残疾人盲道安全
行政公益诉讼案／13

第二十四条　【停车场应设置无障碍停车位
并保证其合理使用】／15

第二十五条　【公共交通运输工具应确保一
定比例符合无障碍标准】／16

第二十六条　【无障碍设施负责人的维护和
管理职责】／16

第二十七条　【临时无障碍设施应符合标准】／17

第二十八条　【无障碍设施的临时占用及恢复】／17

知识点：无障碍设施的建设与
维护／17

第三章　无障碍信息交流／19

第二十九条　【政府应当为残疾人、老年人
获取公共信息提供便利】／19

第 三 十 条　【电视节目配备同步字幕、手
语等】／19

第三十一条　【国家鼓励公开发行的图书、

报刊配备无障碍格式版本】/ 19

第三十二条 【网络平台等逐步符合无障碍网站设计标准和国家信息无障碍标准】/ 20

第三十三条 【银行、医院、城市轨道交通车站、民用运输机场航站区、客运站等的自助公共服务终端设备应具备语音、大字、盲文等无障碍功能】/ 20

第三十四条 【基础电信服务应提供必要语音、大字信息服务或人工服务】/ 21

第三十五条 【政务服务、便民热线、紧急呼叫系统应逐步具备无障碍功能】/ 21

案　　例：浙江省建德市人民检察院督促健全120急救调度系统文字报警功能行政公益诉讼案/ 21

第三十六条 【公共文化服务场所提供适合

　　　　　　　　需要的无障碍设施和服务】/ 24

　　第三十七条　【药品及其他商品标签、说明

　　　　　　　　书提供无障碍格式版本】/ 24

　　　　　　　　知识点：药品标签、说明书的

　　　　　　　　无障碍化/ 24

　　第三十八条　【国家推广使用通用手语和盲文】/ 25

第四章　无障碍社会服务/ 25

　　第三十九条　【公共服务场所应配备必要设

　　　　　　　　备、器具，提供无障碍服务】/ 25

　　第 四 十 条　【公共服务机构等应设置低位

　　　　　　　　服务台，提供无障碍服务】/ 25

　　第四十一条　【司法机关以及法律相关服务

　　　　　　　　机构应提供无障碍服务】/ 26

　　第四十二条　【交通运输设施和工具运营单

　　　　　　　　位应提供无障碍服务】/ 26

　　　　　　　　案　　例：浙江省杭州市人民检

　　　　　　　　察院督促落实残疾人驾照体检

　　　　　　　　服务行政公益诉讼系列案/ 27

　　第四十三条　【教育行政部门和机构应提供

　　　　　　　　无障碍服务】／29

第四十四条　【医疗卫生机构及与残疾人、老年人相关的服务机构应配备无障碍设施，提供无障碍服务】／30

第四十五条　【国家鼓励各行业服务场所提供无障碍服务】／30

第四十六条　【为携带导盲犬、导听犬等服务犬提供便利】／30

第四十七条　【应急避难场所应保证无障碍需求，完善无障碍服务功能】／31

第四十八条　【为残疾人、老年人选民参加投票提供便利和协助】／31

第四十九条　【国家鼓励和支持无障碍信息服务平台建设】／31

　　　　　　知识点：社会服务中的无障碍设施建设／31

第五章　保障措施／32

第 五 十 条　【无障碍环境的理念宣传】／32

第五十一条 【国家鼓励推广无障碍环境建设标准体系】/ 33

第五十二条 【无障碍环境建设的标准应征求相关群体代表及社会组织的意见】/ 33

第五十三条 【国家建立健全无障碍相关认证和测评制度】/ 33

第五十四条 【国家以多种方式支持无障碍设施、信息和服务融合发展】/ 33

第五十五条 【国家建立无障碍环境建设相关领域人才培养机制】/ 34

知识点：无障碍环境建设的保障措施/ 34

第五十六条 【国家鼓励有关单位进行无障碍服务知识与技能培训】/ 35

第五十七条 【文明创建活动应将无障碍环境建设情况作为重要内容】/ 36

第六章　监督管理/ 36

第五十八条 【人民政府及有关部门对无障

第五十九条　【无障碍环境建设目标责任制和考核评价制度】/ 36

第 六 十 条　【定期评估与公布】/ 36

第六十一条　【无障碍环境建设信息公示制度】/ 36

第六十二条　【群众监督和舆论监督】/ 37

第六十三条　【检察建议和公益诉讼】/ 37

　　　　　　知识点：无障碍环境建设的监督与管理/ 37

第七章　法律责任/ 38

第六十四条　【有关单位未依法进行建设、设计、施工、监理的责任】/ 38

第六十五条　【导致无障碍设施无法使用等情形的责任】/ 39

第六十六条　【不依法履行无障碍信息交流义务的责任】/ 39

第六十七条　【不依法提供无障碍信息服务的责任】/ 39

第六十八条　【未依法提供无障碍社会服务

　　　　　　　的责任】/ 39

第六十九条　【考试举办者、组织者未依法
　　　　　　　向有残疾的考生提供便利的
　　　　　　　责任】/ 40

第 七 十 条　【相关主管部门、有关组织的
　　　　　　　工作人员失职的责任】/ 40

第七十一条　【损害赔偿及刑事责任】/ 40
　　　　　　　知识点：违反无障碍环境建设
　　　　　　　规范的法律责任/ 40

第八章　附　　则/ 42

第七十二条　【施行日期】/ 42

中华人民共和国无障碍环境建设法

（2023年6月28日第十四届全国人民代表大会常务委员会第三次会议通过）

第一章 总 则

第一条 【立法目的】①为了加强无障碍环境建设，保障残疾人、老年人平等、充分、便捷地参与和融入社会生活，促进社会全体人员共享经济社会发展成果，弘扬社会主义核心价值观，根据宪法和有关法律，制定本法。

知识点 什么是无障碍环境

无障碍环境，是残疾人走出家门、参与社会生活的基本条件，也是方便老年人和社会全体成员②

---

① 条文主旨为编者所加，仅供参考。
② 《无障碍环境建设法》将无障碍环境建设的保障对象扩大为全体社会成员，重点保障残疾人、老年人，同时惠及其他人。第二条第二款专门规定，残疾人、老年人之外的其他人有无障碍需求的，可以享受无障碍环境便利。

的重要措施,是完善公共服务和城市功能不可或缺的一个基本元素。无障碍环境包括物质环境无障碍、信息和交流的无障碍。物质环境无障碍主要是要求:城市道路、公共建筑物和居住区的规划、设计、建设应方便残疾人通行和使用,如城市道路应方便坐轮椅者、拄拐杖者、视力残疾者和其他有特殊需求者通行,建筑物应考虑在出入口、地面、电梯、扶手、厕所、房间、柜台等设置残疾人可使用的相应设施,方便残疾人通行。信息和交流的无障碍主要是要求:公共服务、公共传媒应使听力、言语和视力残疾者能够获得信息,进行交流,如使用手语、盲文,影视作品、电视节目加配字幕和解说,制作盲人有声读物等。

第二条 【国家采取措施推进无障碍环境建设】国家采取措施推进无障碍环境建设,为残疾人、老年人自主安全地通行道路、出入建筑物以及使用其附属设施、搭乘公共交通运输工具,获取、使用和交流信息,获得社会服务等提供便利。

残疾人、老年人之外的其他人有无障碍需求的,可以享受无障碍环境便利。

第三条 【无障碍环境建设的基本方针】无障碍环境建设应当坚持中国共产党的领导，发挥政府主导作用，调动市场主体积极性，引导社会组织和公众广泛参与，推动全社会共建共治共享。

第四条 【无障碍环境建设的原则】无障碍环境建设应当与适老化改造相结合，遵循安全便利、实用易行、广泛受益的原则。

第五条 【无障碍环境建设应当与经济社会发展水平相适应】无障碍环境建设应当与经济社会发展水平相适应，统筹城镇和农村发展，逐步缩小城乡无障碍环境建设的差距。

第六条 【无障碍环境建设的经费保障】县级以上人民政府应当将无障碍环境建设纳入国民经济和社会发展规划，将所需经费纳入本级预算，建立稳定的经费保障机制。

第七条 【政府职责】县级以上人民政府应当统筹协调和督促指导有关部门在各自职责范围内做好无障碍环境建设工作。

县级以上人民政府住房和城乡建设、民政、工业和信息化、交通运输、自然资源、文化和旅游、教育、卫生健康等部门应当在各自职责范围内，开展无障碍环境建设工作。

乡镇人民政府、街道办事处应当协助有关部门做好无障碍环境建设工作。

第八条　【残疾人联合会、老龄协会等组织协助责任】残疾人联合会、老龄协会等组织依照法律、法规以及各自章程，协助各级人民政府及其有关部门做好无障碍环境建设工作。

第九条　【制定无障碍环境建设相关规定时应充分征求相关意见】制定或者修改涉及无障碍环境建设的法律、法规、规章、规划和其他规范性文件，应当征求残疾人、老年人代表以及残疾人联合会、老龄协会等组织的意见。

第十条　【国家鼓励和支持社会力量参与无障碍环境建设】国家鼓励和支持企业事业单位、社会组织、个人等社会力量，通过捐赠、志愿服务等方式参与无障碍环境建设。

国家支持开展无障碍环境建设工作的国际交流与合作。

**第十一条　【无障碍环境建设工作的表彰和奖

励】对在无障碍环境建设工作中做出显著成绩的单位和个人,按照国家有关规定给予表彰和奖励。

知识点 《无障碍环境建设法》的诞生

我国无障碍环境建设从20世纪80年代起步,2012年《无障碍环境建设条例》颁布实施后快速发展,为包括残疾人、老年人在内的全体社会成员参与融入社会生活、共享改革发展成果发挥了重要作用,展示了我国经济社会发展和人权保障的成就。但总的来看,我国无障碍环境建设整体水平与经济社会发展成就尚不匹配,需要制定一部专门法律,对无障碍环境建设进行集中规范。

2021年11月,中国残联、住房和城乡建设部等13部门联合印发《无障碍环境建设"十四五"实施方案》,该方案一方面肯定了"十三五"时期,我国无障碍环境建设法规规划政策标准体系的建设成果,另一方面指出了我国无障碍环境建设仍存在较多困难和薄弱环节,并提出了"十四五"期间的无障碍环境建设任务目标:"到2025年,无障碍环境建设法律保障机制更加健全,无障碍基本公共服务体系更加完备,信息无障碍服务深度应用,无障碍人文环境不断优化,城乡无障碍设施的系统性、完整性和包容性水平明显提升，支持110万户困难重度残疾人家庭进行无障碍改造，加快形成设施齐备、功能完善、信息通畅、体验舒适的无障碍环境，方便残疾人、老年人生产生活，增强人民群众获得感、幸福感、安全感，为2035年实现安全便捷、健康舒适、多元包容的无障碍环境奠定基础。"

无障碍环境建设法草案于2022年10月27日提请十三届全国人大常委会第三十七次会议初次审议。提请审议的草案，是对《无障碍环境建设条例》的丰富和发展，将《无障碍环境建设条例》中经实践证明行之有效的规定上升为法律并予以充实，同时对《无障碍环境建设条例》欠缺的内容作了补充。这是我国首次就无障碍环境建设制定专门性法律。2023年6月28日，十四届全国人大常委会第三次会议表决通过《无障碍环境建设法》。这部法律自2023年9月1日起施行，共8章，包括总则、无障碍设施建设、无障碍信息交流、无障碍社会服务、保障措施、监督管理、法律责任、附则。

第二章　无障碍设施建设

第十二条　【新建、改建、扩建的设施应符合

无障碍设施工程建设标准并与主体工程同步进行】新建、改建、扩建的居住建筑、居住区、公共建筑、公共场所、交通运输设施、城乡道路等，应当符合无障碍设施工程建设标准。

无障碍设施应当与主体工程同步规划、同步设计、同步施工、同步验收、同步交付使用，并与周边的无障碍设施有效衔接、实现贯通。

无障碍设施应当设置符合标准的无障碍标识，并纳入周边环境或者建筑物内部的引导标识系统。

第十三条 **【国家鼓励在无障碍设施建设中采用先进的理念和技术】**国家鼓励工程建设、设计、施工等单位采用先进的理念和技术，建设人性化、系统化、智能化并与周边环境相协调的无障碍设施。

第十四条 **【工程建设单位应将无障碍设施建设纳入预算、不得违反无障碍设施工程建设标准】**工程建设单位应当将无障碍设施建设经费纳入工程建设项目概预算。

工程建设单位不得明示或者暗示设计、施工单位违反无障碍设施工程建设标准；不得擅自将未经验收或者验收不合格的无障碍设施交付使用。

第十五条 【工程设计单位应当按照无障碍设施工程建设标准进行设计】工程设计单位应当按照无障碍设施工程建设标准进行设计。

依法需要进行施工图设计文件审查的，施工图审查机构应当按照法律、法规和无障碍设施工程建设标准，对无障碍设施设计内容进行审查；不符合有关规定的，不予审查通过。

第十六条 【工程施工、监理单位应按照设计和标准进行施工和监理】工程施工、监理单位应当按照施工图设计文件以及相关标准进行无障碍设施施工和监理。

住房和城乡建设等主管部门对未按照法律、法规和无障碍设施工程建设标准开展无障碍设施验收或者验收不合格的，不予办理竣工验收备案手续。

(知识点) 无障碍环境及其建设和设计的标准

无障碍环境包括：新建、改建、扩建的居住建筑、居住区、公共建筑、公共场所、交通运输设施、城乡道路等。具体而言，包括福利及特殊服务建筑，体育建筑，交通建筑，办公、科研、司法建筑，文化建筑，商业服务建筑，医疗康复建筑，住宅类，非住宅类九大类①。

根据《无障碍环境建设法》规定，无障碍设施应当与主体工程同步规划、同步设计、同步施工、同步验收、同步交付使用，并与周边的无障碍设施有效衔接、实现贯通。无障碍设施应当设置符合标准的无障碍标识，并纳入周边环境或者建筑物内部的引导标识系统（第十二条第二款、第三款）。具体包括，工程建设单位应当将无障碍设施建设经费纳入工程建设项目概预算（第十四条第一款）；工程设计单位应当按照无障碍设施工程建设标准进行设计（第十五条第一款）；工程施工、监理单位应当按照施工图设计文件以及相关标准进行无障碍设施施工和监理。住房和城乡建设等主管部门对未按照法律、法规和无障碍设施工程建设标准开展无障碍设施专项验收或者验收不合格的，不予办理竣工验收备案手续（第十六条）。另外，国家鼓励工程建设、设计、施工等单位采用先进的理念和技术，建设人性化、系统化、智能化并与周边环境相协调的无障碍设施（第十三条）。国家鼓励

---

① 参见2023年3月6日，国家市场监管总局、中国残联联合发布的《无障碍环境认证目录（第一批）》。

工程建设单位在新建、改建、扩建建设项目的规划、设计和竣工验收等环节，邀请残疾人、老年人代表以及残疾人联合会、老龄协会等组织，参加意见征询和体验试用等活动（第十七条）。

第十七条 【邀请残疾人、老年人代表及相关组织参加意见征询和体验试用】国家鼓励工程建设单位在新建、改建、扩建建设项目的规划、设计和竣工验收等环节，邀请残疾人、老年人代表以及残疾人联合会、老龄协会等组织，参加意见征询和体验试用等活动。

第十八条 【对既有的不符合标准的工程应进行无障碍设施改造】对既有的不符合无障碍设施工程建设标准的居住建筑、居住区、公共建筑、公共场所、交通运输设施、城乡道路等，县级以上人民政府应当根据实际情况，制定有针对性的无障碍设施改造计划并组织实施。

无障碍设施改造由所有权人或者管理人负责。所有权人、管理人和使用人之间约定改造责任的，由约定的责任人负责。

不具备无障碍设施改造条件的，责任人应当采取必要的替代性措施。

第十九条 【支持、指导家庭无障碍设施改造及适当补贴】县级以上人民政府应当支持、指导家庭无障碍设施改造。对符合条件的残疾人、老年人家庭应当给予适当补贴。

居民委员会、村民委员会、居住区管理服务单位以及业主委员会应当支持并配合家庭无障碍设施改造。

第二十条 【残疾人集中就业单位应建设符合标准的无障碍设施】残疾人集中就业单位应当按照有关标准和要求，建设和改造无障碍设施。

国家鼓励和支持用人单位开展就业场所无障碍设施建设和改造，为残疾人职工提供必要的劳动条件和便利。

第二十一条 【新建、改建、扩建公共设施等应按标准配套无障碍设施】新建、改建、扩建公共建筑、公共场所、交通运输设施以及居住区的公共服务设施，应当按照无障碍设施工程建设标准，配套建设无障碍设施；既有的上述建筑、场所和设施不符合无障碍设施工程建设标准的，应当进行必要的改造。

第二十二条 【国家支持城镇老旧小区加装电梯等无障碍设施】国家支持城镇老旧小区既有多层住宅加装电梯或者其他无障碍设施,为残疾人、老年人提供便利。

县级以上人民政府及其有关部门应当采取措施、创造条件,并发挥社区基层组织作用,推动既有多层住宅加装电梯或者其他无障碍设施。

房屋所有权人应当弘扬中华民族与邻为善、守望相助等传统美德,加强沟通协商,依法配合既有多层住宅加装电梯或者其他无障碍设施。

第二十三条 【城市主干路、主要商业区等区域应按标准建设、改造无障碍设施】新建、改建、扩建和具备改造条件的城市主干路、主要商业区和大型居住区的人行天桥和人行地下通道,应当按照无障碍设施工程建设标准,建设或者改造无障碍设施。

城市主干路、主要商业区等无障碍需求比较集中的区域的人行道,应当按照标准设置盲道;城市中心区、残疾人集中就业单位和集中就读学校周边的人行横道的交通信号设施,应当按照标准安装过街音响提示装置。

案例

贵州省罗甸县人民检察院督促保护残疾人盲道安全行政公益诉讼案[①]

2021年4月,贵州省罗甸县人民检察院(以下简称罗甸县院)在履职中发现,罗甸县城区多个路段上的多处盲道缺失、毁损;拐弯及尽头处未按要求铺设提示砖、盲道与路口衔接处未设置缓坡;部分盲道建设未避开树木、电杆等障碍物;其中两处盲道上还压有配电箱、消防栓等危险物品。盲道建设问题影响了残疾人交通安全,侵害了残疾人合法权益,损害了社会公共利益。

2021年5月10日,罗甸县院对上述线索依法立案办理,针对辖区内盲道铺设不连续、未避开障碍物、不同砖块混用、被违法占用的问题,全面排查固定证据、查找相关法律法规、厘清盲道监管责任部门职责。罗甸县院认为,罗甸县住房和城乡建设局(以下简称罗甸县住建局)对城区内道路无障碍设施(盲道)负有管理和维护的职责,并于2021年5月20日向罗甸县住建局发出诉前检察建议,建议该局及时对城区的盲道等无障碍

[①] 参见最高人民检察院会同中国残疾人联合会联合发布残疾人权益保障检察公益诉讼典型案例,2022年5月。

设施建设情况进行全面排查,对存在问题积极进行整改,保障残障人士出行安全。罗甸县住建局回复部分路段已经整改完毕,个别路段由于客观原因无法整改。2021年9月6日,罗甸县院再次派员到现场勘查,发现部分路段盲道仍然存在不连续、未避开障碍物、不同砖块混用等问题。同年9月14日,罗甸县院到罗甸县残疾人联合委员会(以下简称罗甸县残联)了解县域内盲人有关情况及盲道设施建设情况,罗甸县残联向罗甸县院提交了《关于县城区盲道建设使用中存在有关问题的建议》。9月15日至16日,罗甸县院联合罗甸县残联走访了县城区部分盲人,他们反映盲道上有许多障碍物、许多该铺设提示砖的地方没有铺设和一些地方盲道只铺了部分。9月17日、10月12日,又先后派员到上述路段进行现场勘查,发现盲道存在的问题依然没有整改,社会公共利益仍持续受到侵害。

2021年10月13日,经层报贵州省人民检察院审批同意,罗甸县院按照行政诉讼集中管辖规定,向龙里县人民法院提起行政公益诉讼。2022年3月31日,龙里县人民法院公开开庭审理本案,庭审围绕罗甸县住建局是否已依法全面履职展开辩论。罗甸县住建局辩称,已对主干道盲道问题进行整改,其余路段问题盲道在持续整改中。检察机关认为罗甸县住建局已部分履职,但未全面履职到位，法院完全采纳检察机关意见。于2022年5月9日依法判决：责令被告罗甸县住房和城乡建设局对审理查明的罗甸县城区内仍未整改的8条道路盲道35处问题自本判决生效之日起两个月内整改完毕。罗甸县住建局表示不上诉，正积极整改中。

评析

盲道建设是城市无障碍建设的重要组成部分，事关残疾人交通出行安全，进而影响残疾人其他权益保障。本案中，检察机关针对行政机关对盲道安全监管不到位的情形，在发出检察建议的同时，加强与当地残联协作配合，持续跟进监督。因行政机关未全面履职整改，依法提起行政公益诉讼，通过诉讼判决督促问题盲道全面整改，建立完善工作机制，以公益诉讼职能作用助力溯源治理。

第二十四条 【停车场应设置无障碍停车位并保证其合理使用】停车场应当按照无障碍设施工程建设标准，设置无障碍停车位，并设置显著标志标识。

无障碍停车位优先供肢体残疾人驾驶或者乘坐的机动车使用。优先使用无障碍停车位的，应当在显著位置放置残疾人车辆专用标志或者提供残疾人证。

在无障碍停车位充足的情况下，其他行动不便的残疾人、老年人、孕妇、婴幼儿等驾驶或者乘坐的机动车也可以使用。

第二十五条　【公共交通运输工具应确保一定比例符合无障碍标准】 新投入运营的民用航空器、客运列车、客运船舶、公共汽电车、城市轨道交通车辆等公共交通运输工具，应当确保一定比例符合无障碍标准。

既有公共交通运输工具具备改造条件的，应当进行无障碍改造，逐步符合无障碍标准的要求；不具备改造条件的，公共交通运输工具的运营单位应当采取必要的替代性措施。

县级以上地方人民政府根据当地情况，逐步建立城市无障碍公交导乘系统，规划配置适量的无障碍出租汽车。

第二十六条　【无障碍设施负责人的维护和管理职责】 无障碍设施所有权人或者管理人应当对无障碍设施履行以下维护和管理责任，保障无障碍设施功能正常和使用安全：

（一）对损坏的无障碍设施和标识进行维修或者替换；

（二）对需改造的无障碍设施进行改造；

（三）纠正占用无障碍设施的行为；

（四）进行其他必要的维护和保养。

所有权人、管理人和使用人之间有约定的，由约定的责任人负责维护和管理。

第二十七条　【临时无障碍设施应符合标准】因特殊情况设置的临时无障碍设施，应当符合无障碍设施工程建设标准。

第二十八条　【无障碍设施的临时占用及恢复】任何单位和个人不得擅自改变无障碍设施的用途或者非法占用、损坏无障碍设施。

因特殊情况临时占用无障碍设施的，应当公告并设置护栏、警示标志或者信号设施，同时采取必要的替代性措施。临时占用期满，应当及时恢复原状。

> **知识点**　无障碍设施的建设与维护

常见的无障碍设施包括：道路无障碍设施，如盲道、坡道等；公共场所的无障碍设施，如无障碍电（楼）梯、平台、洗手间、停车位、席位等；无障碍标识，如盲文标识、音响提示、通讯等；另外还包括家庭无障碍设施，如无障碍扶手、沐浴凳等。

《无障碍环境建设法》完善了无障碍设施建设的相关体制机制。一是确立了经费保障机制；二是规定了县级以上人民政府无障碍环境建设协调机制；三是增加了政府及其有关部门的监督检查、考核评价、信息公示、投诉处理等相关工作机制；四是充实了包括体验试用、社会监督、检察公益诉讼等在内的监督机制。

《无障碍环境建设法》对设施建设和改造提出更高要求。将无障碍设施工程建设强制性标准引入法中，明确工程建设、设计、施工、监理、审查、验收备案各单位的相应职责，对无障碍设施维护和管理等作出细化规定。如城市中心区、残疾人集中就业单位和集中就读学校周边的人行横道的交通信号设施，应当按照标准安装过街音响提示装置（第二十三条第二款）。停车场应当按照无障碍设施工程建设标准，设置无障碍停车位，并设置显著标志标识（第二十四条第一款）。新投入运营的民用航空器、客运列车、客运船舶、公共汽电车、城市轨道交通车辆等公共交通运输工具，应当确保一定比例符合无障碍标准（第二十五条第一款）。

第三章　无障碍信息交流

第二十九条　【政府应当为残疾人、老年人获取公共信息提供便利】各级人民政府及其有关部门应当为残疾人、老年人获取公共信息提供便利；发布涉及自然灾害、事故灾难、公共卫生事件、社会安全事件等突发事件信息时，条件具备的同步采取语音、大字、盲文、手语等无障碍信息交流方式。

第三十条　【电视节目配备同步字幕、手语等】利用财政资金设立的电视台应当在播出电视节目时配备同步字幕，条件具备的每天至少播放一次配播手语的新闻节目，并逐步扩大配播手语的节目范围。

国家鼓励公开出版发行的影视类录像制品、网络视频节目加配字幕、手语或者口述音轨。

第三十一条　【国家鼓励公开发行的图书、报刊配备无障碍格式版本】国家鼓励公开出版发行的图书、报刊配备有声、大字、盲文、电子等无障碍格式版本，方便残疾人、老年人阅读。

国家鼓励教材编写、出版单位根据不同教育阶段实际，编写、出版盲文版、低视力版教学用书，满足盲人和其他有视力障碍的学生的学习需求。

第三十二条 【网络平台等逐步符合无障碍网站设计标准和国家信息无障碍标准】利用财政资金建立的互联网网站、服务平台、移动互联网应用程序，应当逐步符合无障碍网站设计标准和国家信息无障碍标准。

国家鼓励新闻资讯、社交通讯、生活购物、医疗健康、金融服务、学习教育、交通出行等领域的互联网网站、移动互联网应用程序，逐步符合无障碍网站设计标准和国家信息无障碍标准。

国家鼓励地图导航定位产品逐步完善无障碍设施的标识和无障碍出行路线导航功能。

第三十三条 【银行、医院、城市轨道交通车站、民用运输机场航站区、客运站等的自助公共服务终端设备应具备语音、大字、盲文等无障碍功能】音视频以及多媒体设备、移动智能终端设备、电信终端设备制造者提供的产品，应当逐步具备语音、大字等无障碍功能。

银行、医院、城市轨道交通车站、民用运输机场航站区、客运站、客运码头、大型景区等的自助公共服务终端设备,应当具备语音、大字、盲文等无障碍功能。

第三十四条　【基础电信服务应提供必要语音、大字信息服务或人工服务】电信业务经营者提供基础电信服务时,应当为残疾人、老年人提供必要的语音、大字信息服务或者人工服务。

第三十五条　【政务服务、便民热线、紧急呼叫系统应逐步具备无障碍功能】政务服务便民热线和报警求助、消防应急、交通事故、医疗急救等紧急呼叫系统,应当逐步具备语音、大字、盲文、一键呼叫等无障碍功能。

案例

浙江省建德市人民检察院督促健全120急救调度系统文字报警功能行政公益诉讼案[①]

2021年1月,浙江省建德市人民检察院(以下简称

[①] 参见最高人民检察院会同中国残疾人联合会联合发布残疾人权益保障检察公益诉讼典型案例,2022年5月。

建德市院）收到群众反映线索，称辖区120急救调度系统仅能够接收电话呼救，对听力障碍、言语障碍群体自主报警造成客观障碍，生命健康安全难以有效保障，遂立案审查。建德市院赴建德市医疗急救指挥中心进行调查核实，查明该中心负责建德市域医疗急救指挥的统一调度工作，日常使用的急救调度系统不具备文字报警功能，不支持无障碍信息交流。建德市卫生健康局（以下简称建德市卫健局）作为辖区医疗服务行业监督管理部门，存在未依法履职情形，致使社会公共利益受到侵害。

2021年1月27日，建德市院针对医疗急救系统增设文字信息报送和文字呼叫功能的必要性与完善路径问题，组织召开公开听证会，邀请残疾人联合会、老年人协会等社会组织代表，卫生、财政等有关职能部门以及人大代表、政协委员、人民监督员、无障碍环境建设专家等参会，各方充分发表意见建议，一致认为，120急救调度系统文字报警功能的建设是保障听力障碍、言语障碍群体及其家属生命健康权益的重要举措，完善医疗急救文字报警系统建设确有必要。听证会结束后，建德市院向建德市卫健局送达诉前检察建议，建议其督促建德市医疗急救指挥中心尽快完善呼救系统相关功能，切实保护特定群体合法权益。

2021年3月20日，建德市卫健局向检察机关作出书面回复，表示已积极联系调度系统设计研发公司完善软件开发，文字报警功能即将上线。同年4月1日，"互联急救"平台正式启动。经验收，"互联急救"目前已具备"一键呼救"的便捷操作功能，并能实时定位注册患者，有效提升调度救援效率，市民亦可通过发送文字内容至指定号码实现文字报警。

在本案办理基础上，浙江省杭州市人民检察院（以下简称杭州市院）指导区县检察机关对辖区其他医疗急救指挥中心进行排查，发现指挥调度系统不具备文字报警功能的情形具有普遍性。2021年7月9日，杭州市卫生健康委员会下发《关于做好杭州市推进一键急救及文字报警系统建设的通知》，要求各相关区、县（市）卫健部门切实推进医疗急救文字报警系统建设、投入使用及长效管理。截至2021年12月底，杭州市全市120急救调度系统均已具备文字报警功能。

评析

医疗急救等紧急呼叫系统文字报警功能是听力障碍、言语障碍等特定群体的应急保障。120急救调度系统因欠缺文字报警功能，听力障碍、言语障碍人士的自主呼救权益难以保障。检察机关运用"公开听证+检察建议+评估验收"等方式，督促协同有关职能部门推动医疗急救调度系统完善文字报警功能,打通特定群体120急救报警渠道,助力信息无障碍环境共建共治共享。

第三十六条 【公共文化服务场所提供适合需要的无障碍设施和服务】提供公共文化服务的图书馆、博物馆、文化馆、科技馆等应当考虑残疾人、老年人的特点,积极创造条件,提供适合其需要的文献信息、无障碍设施设备和服务等。

第三十七条 【药品及其他商品标签、说明书提供无障碍格式版本】国务院有关部门应当完善药品标签、说明书的管理规范,要求药品生产经营者提供语音、大字、盲文、电子等无障碍格式版本的标签、说明书。

国家鼓励其他商品的生产经营者提供语音、大字、盲文、电子等无障碍格式版本的标签、说明书,方便残疾人、老年人识别和使用。

> **知识点** 药品标签、说明书的无障碍化

《无障碍环境建设法》第三十七条第一款就药品标签、说明书的问题作出了专门规定。日常生活中,药品的内置说明书字体过小、缺乏盲文等版本,给消费者特别是老年人、视力残疾人使用造成不便,社会

公众对这个问题很关注，为此《无障碍环境建设法》明确规定有关部门应当完善管理规范，要求药品生产经营者提供语音、大字、盲文、电子等无障碍格式版本的标签、说明书。

第三十八条 【国家推广使用通用手语和盲文】国家推广和使用国家通用手语、国家通用盲文。

基本公共服务使用手语、盲文以及各类学校开展手语、盲文教育教学时，应当采用国家通用手语、国家通用盲文。

第四章　无障碍社会服务

第三十九条 【公共服务场所应配备必要设备、器具，提供无障碍服务】公共服务场所应当配备必要的无障碍设备和辅助器具，标注指引无障碍设施，为残疾人、老年人提供无障碍服务。

公共服务场所涉及医疗健康、社会保障、金融业务、生活缴费等服务事项的，应当保留现场指导、人工办理等传统服务方式。

第四十条 【公共服务机构等应设置低位服务

台，提供无障碍服务】行政服务机构、社区服务机构以及供水、供电、供气、供热等公共服务机构，应当设置低位服务台或者无障碍服务窗口，配备电子信息显示屏、手写板、语音提示等设备，为残疾人、老年人提供无障碍服务。

第四十一条 【司法机关以及法律相关服务机构应提供无障碍服务】司法机关、仲裁机构、法律援助机构应当依法为残疾人、老年人参加诉讼、仲裁活动和获得法律援助提供无障碍服务。

国家鼓励律师事务所、公证机构、司法鉴定机构、基层法律服务所等法律服务机构，结合所提供的服务内容提供无障碍服务。

第四十二条 【交通运输设施和工具运营单位应提供无障碍服务】交通运输设施和公共交通运输工具的运营单位应当根据各类运输方式的服务特点，结合设施设备条件和所提供的服务内容，为残疾人、老年人设置无障碍服务窗口、专用等候区域、绿色通道和优先坐席，提供辅助器具、咨询引导、字幕报站、语音提示、预约定制等无障碍服务。

案例

浙江省杭州市人民检察院督促落实残疾人驾照体检服务行政公益诉讼系列案[①]

残疾人通过体检获得医疗机构出具有关身体条件的证明，是依法申请或者更换机动车驾驶证的法定条件。检察机关可以依托道路交通安全领域拓展残疾人权益保障公益诉讼，督促卫生健康行政部门落实定点医疗机构为残疾人办理驾照提供体检服务，既保障残疾人参与社会生活和就业的平等权利，也促进防控残疾人无证驾驶等道路交通安全隐患，平衡保护公共利益。

近年来，为保障残疾人驾车权益，国家相关部委相继印发关于做好残疾人驾驶汽车工作的部门规章，规定右下肢残疾人、双下肢残疾人、单眼视力障碍人士、上肢残疾人驾驶汽车的身体条件，并明确由卫生健康行政部门认定的专门医疗机构为残疾人办理驾照进行体检、出具证明。部分医疗机构未依法依规开展残疾人驾照体检服务，相关职能部门未严格依法履职，致使残疾人难以进行驾照体检，侵害残疾人合法权益，损害社会公共利益。

[①] 参见最高人民检察院会同中国残疾人联合会联合发布残疾人权益保障检察公益诉讼典型案例，2022年5月。

2022年2月,"益心为公检察云"平台志愿者、杭州市肢残人汽车专业委员会负责人向浙江省杭州市人民检察院(以下简称杭州市院)反映杭州市某家残疾人驾照体检定点医疗机构长期未开展相关服务。经查,浙江省相关职能部门发布全省残疾人驾照体检定点医疗机构名单,杭州辖区内共计9家医疗机构被确定为定点体检医院,负责对残疾人的视力、坐立能力、徒手握力、手指功能等基本驾车能力进行重点评估并出具身体条件证明。杭州市院充分发挥一体化办案优势,组织全市各区、县(市)检察机关对辖区定点体检医疗机构进行调查核实,并邀请部分公益志愿者参与现场勘查。针对查明的萧山区、临平区、临安区、建德市、桐庐县、淳安县6家定点医疗机构或因不知晓政策而从未开展体检业务,或在开设体检业务后因体检人数较少予以取消,导致有需要的残疾人因体检渠道不畅影响后续驾照申领、换证等权利的公益受损情形,杭州检察机关依据属地管辖分别向辖区卫生健康行政部门发出行政公益诉讼诉前检察建议,督促其依法全面履行监管职责,及时整改违法情形,切实保障残疾人合法权益。

相关职能部门在收到检察建议书后第一时间约谈定点驾照体检医疗机构负责人,6家定点医疗机构及时落实残疾人驾照体检业务,并对外公布通知或通报辖区残疾人联合会。其中，萧山区、临平区、桐庐县、淳安县在医院体验中心增设服务，临安区、建德市定点医疗机构分别在驾驶培训机构和车管所内增设服务，方便残疾人体检。截至2022年4月，已有10余名残疾人在上述定点医疗机构完成驾照体检，依法取得驾驶人身份条件证明。

评析

保障符合法定条件的残疾人通过体验、办理驾照，体现了对残疾人平等权利和尊严的保护，对于促进残疾人社会融合、促进残疾人就业具有重要意义，也是保障社会公众对残疾人驾驶汽车放心的安全阀。检察机关通过志愿者平台，从残疾人群体精准获取案件线索、了解案件基本情况，以专项办案推进系统监督，督促相关职能部门依法履行监管职责，促进全域范围内残疾人驾照体检服务无障碍、全覆盖，共同营造为残疾人驾驶汽车提供便利的良好社会氛围。

第四十三条　【教育行政部门和机构应提供无障碍服务】 教育行政部门和教育机构应当加强教育场所的无障碍环境建设，为有残疾的师生、员工提供无障碍服务。

国家举办的教育考试、职业资格考试、技术技能考试、招录招聘考试以及各类学校组织的统一考试，应当为有残疾的考生提供便利服务。

第四十四条 【医疗卫生机构及与残疾人、老年人相关的服务机构应配备无障碍设施，提供无障碍服务】医疗卫生机构应当结合所提供的服务内容，为残疾人、老年人就医提供便利。

与残疾人、老年人相关的服务机构应当配备无障碍设备，在生活照料、康复护理等方面提供无障碍服务。

第四十五条 【国家鼓励各行业服务场所提供无障碍服务】国家鼓励文化、旅游、体育、金融、邮政、电信、交通、商业、餐饮、住宿、物业管理等服务场所结合所提供的服务内容，为残疾人、老年人提供辅助器具、咨询引导等无障碍服务。

国家鼓励邮政、快递企业为行动不便的残疾人、老年人提供上门收寄服务。

第四十六条 【为携带导盲犬、导听犬等服务犬提供便利】公共场所经营管理单位、交通运输设施和公共交通运输工具的运营单位应当为残疾人携带导盲犬、导听犬、辅助犬等服务犬提供便利。

残疾人携带服务犬出入公共场所、使用交通运输设施和公共交通运输工具的，应当遵守国家有关规定，为服务犬佩戴明显识别装备，并采取必要的防护措施。

第四十七条　【应急避难场所应保证无障碍需求，完善无障碍服务功能】应急避难场所的管理人在制定以及实施工作预案时，应当考虑残疾人、老年人的无障碍需求，视情况设置语音、大字、闪光等提示装置，完善无障碍服务功能。

第四十八条　【为残疾人、老年人选民参加投票提供便利和协助】组织选举的部门和单位应当采取措施，为残疾人、老年人选民参加投票提供便利和必要协助。

第四十九条　【国家鼓励和支持无障碍信息服务平台建设】国家鼓励和支持无障碍信息服务平台建设，为残疾人、老年人提供远程实时无障碍信息服务。

> **知识点** 社会服务中的无障碍设施建设
>
> 《无障碍环境建设法》对比《无障碍环境建设条例》，扩展了社会服务范围。一是规定公共服务场所提供无障碍服务的基本要求，明确其应当配备必要的

无障碍设备和辅助器具，标注指引无障碍设施，提供无障碍服务（第三十九条第一款）；二是细化与社会生活密切相关的选举、公共服务、公共交通、医疗卫生等方面的无障碍社会服务，如组织选举的部门和单位应当采取措施，为残疾人、老年人等选民参加投票提供便利和必要协助（第四十八条）；医疗卫生机构应当结合所提供的服务内容，为残疾人、老年人就医提供便利；与残疾人、老年人相关的服务机构应当配备无障碍设备，在生活照料、康复护理等方面提供无障碍服务（第四十四条）；三是要求行政服务机构、社区服务机构以及供水、供电、供气、供热等公共服务机构，应当设置低位服务台或者无障碍服务窗口，配备电子信息显示屏、手写板、语音提示等设备，为残疾人、老年人等提供无障碍服务（第四十条）。

第五章　保障措施

第五十条　【无障碍环境的理念宣传】 国家开展无障碍环境理念的宣传教育，普及无障碍环境知识，传播无障碍环境文化，提升全社会的无障碍环境意识。

新闻媒体应当积极开展无障碍环境建设方面的公益宣传。

第五十一条 【国家鼓励推广无障碍环境建设标准体系】国家推广通用设计理念，建立健全国家标准、行业标准、地方标准，鼓励发展具有引领性的团体标准、企业标准，加强标准之间的衔接配合，构建无障碍环境建设标准体系。

地方结合本地实际制定的地方标准不得低于国家标准的相关技术要求。

第五十二条 【无障碍环境建设的标准应征求相关群体代表及社会组织的意见】制定或者修改涉及无障碍环境建设的标准，应当征求残疾人、老年人代表以及残疾人联合会、老龄协会等组织的意见。残疾人联合会、老龄协会等组织可以依法提出制定或者修改无障碍环境建设标准的建议。

第五十三条 【国家建立健全无障碍相关认证和测评制度】国家建立健全无障碍设计、设施、产品、服务的认证和无障碍信息的评测制度，并推动结果采信应用。

第五十四条 【国家以多种方式支持无障碍设

施、信息和服务融合发展】国家通过经费支持、政府采购、税收优惠等方式,促进新科技成果在无障碍环境建设中的运用,鼓励无障碍技术、产品和服务的研发、生产、应用和推广,支持无障碍设施、信息和服务的融合发展。

第五十五条 【国家建立无障碍环境建设相关领域人才培养机制】国家建立无障碍环境建设相关领域人才培养机制。

国家鼓励高等学校、中等职业学校等开设无障碍环境建设相关专业和课程,开展无障碍环境建设理论研究、国际交流和实践活动。

建筑、交通运输、计算机科学与技术等相关学科专业应当增加无障碍环境建设的教学和实践内容,相关领域职业资格、继续教育以及其他培训的考试内容应当包括无障碍环境建设知识。

知识点 无障碍环境建设的保障措施

国家以多种途径保障无障碍环境建设。首先,国家开展无障碍环境理念的宣传教育,普及无障碍环境知识,传播无障碍环境文化,提升全社会的无障碍环境意识。新闻媒体应当积极开展无障碍环境建设方面的公益宣传（第五十条）；其次，国家推广通用设计理念，构建无障碍环境建设标准体系（第五十一条第一款），同时，该标准的制定应当征求残疾人、老年人代表以及残疾人联合会、老年协会的意见（第五十二条）；再次，国家鼓励无障碍技术的研发和无障碍环境建设领域的人才培养，国家鼓励高等学校、中等职业学校等开设无障碍环境建设相关专业和课程，开展无障碍环境建设理论研究、国际交流和实践活动。建筑、交通运输、计算机科学与技术等相关学科专业应当增加无障碍环境建设的教学和实践内容，相关领域职业资格、继续教育以及其他培训的考试内容应当包括无障碍环境建设知识（第五十五条）。最后，国家建立健全无障碍设计、设施、产品、服务的认证和无障碍信息的评测制度，推动结果采信应用（第五十三条）。文明城市、文明村镇、文明单位、文明社区、文明校园等创建活动，应当将无障碍环境建设情况作为重要内容（第五十七条）。

第五十六条 **【国家鼓励有关单位进行无障碍服务知识与技能培训】** 国家鼓励机关、企业事业单位、社会团体以及其他社会组织，对工作人员进行无障碍服务知识与技能培训。

第五十七条 【文明创建活动应将无障碍环境建设情况作为重要内容】文明城市、文明村镇、文明单位、文明社区、文明校园等创建活动，应当将无障碍环境建设情况作为重要内容。

第六章 监督管理

第五十八条 【人民政府及有关部门对无障碍环境建设情况的监督检查】县级以上人民政府及其有关主管部门依法对无障碍环境建设进行监督检查，根据工作需要开展联合监督检查。

第五十九条 【无障碍环境建设目标责任制和考核评价制度】国家实施无障碍环境建设目标责任制和考核评价制度。县级以上地方人民政府根据本地区实际，制定具体考核办法。

第六十条 【定期评估与公布】县级以上地方人民政府有关主管部门定期委托第三方机构开展无障碍环境建设评估，并将评估结果向社会公布，接受社会监督。

第六十一条 【无障碍环境建设信息公示制

度】县级以上人民政府建立无障碍环境建设信息公示制度，定期发布无障碍环境建设情况。

第六十二条　【群众监督和舆论监督】任何组织和个人有权向政府有关主管部门提出加强和改进无障碍环境建设的意见和建议，对违反本法规定的行为进行投诉、举报。县级以上人民政府有关主管部门接到涉及无障碍环境建设的投诉和举报，应当及时处理并予以答复。

残疾人联合会、老龄协会等组织根据需要，可以聘请残疾人、老年人代表以及具有相关专业知识的人员，对无障碍环境建设情况进行监督。

新闻媒体可以对无障碍环境建设情况开展舆论监督。

第六十三条　【检察建议和公益诉讼】对违反本法规定损害社会公共利益的行为，人民检察院可以提出检察建议或者提起公益诉讼。

知识点　无障碍环境建设的监督与管理

无障碍环境建设的监督与管理主要有以下几个方面：第一，国家实施无障碍环境建设的目标责任制和考核评价制度。县级以上地方人民政府根据本地实际，制定具体考核办法（第五十九条）；第二，明确县级以上人民政府和有关主管部门的责任，包括监督检查和联合监督检查（第五十八条）、委托第三方机构开展无障碍环境建设评估（第六十条）、建立无障碍环境建设信息公示制度（第六十一条）等；第三，明确人民群众及残疾人联合会、老龄协会等社会组织有权提出意见和建议，对违法行为进行投诉、举报（第六十二条第一款），明确新闻媒体可以对无障碍环境建设情况开展舆论监督（第六十二条第二款）；第四，人民检察院可以对违反本法规定损害社会公共利益的行为提出检察建议或者提起公益诉讼（第六十三条）。

第七章　法律责任

第六十四条　【有关单位未依法进行建设、设计、施工、监理的责任】工程建设、设计、施工、监理单位未按照本法规定进行建设、设计、施工、监理的，由住房和城乡建设、民政、交通运输等相关主管部门责令限期改正；逾期未改正的，依照相关法律法规的规定进行处罚。

第六十五条 【导致无障碍设施无法使用等情形的责任】违反本法规定,有下列情形之一的,由住房和城乡建设、民政、交通运输等相关主管部门责令限期改正;逾期未改正的,对单位处一万元以上三万元以下罚款,对个人处一百元以上五百元以下罚款:

(一)无障碍设施责任人不履行维护和管理职责,无法保障无障碍设施功能正常和使用安全;

(二)设置临时无障碍设施不符合相关规定;

(三)擅自改变无障碍设施的用途或者非法占用、损坏无障碍设施。

第六十六条 【不依法履行无障碍信息交流义务的责任】违反本法规定,不依法履行无障碍信息交流义务的,由网信、工业和信息化、电信、广播电视、新闻出版等相关主管部门责令限期改正;逾期未改正的,予以通报批评。

第六十七条 【不依法提供无障碍信息服务的责任】电信业务经营者不依法提供无障碍信息服务的,由电信主管部门责令限期改正;逾期未改正的,处一万元以上十万元以下罚款。

第六十八条 【未依法提供无障碍社会服务的

责任】负有公共服务职责的部门和单位未依法提供无障碍社会服务的,由本级人民政府或者上级主管部门责令限期改正;逾期未改正的,对直接负责的主管人员和其他直接责任人员依法给予处分。

第六十九条 【考试举办者、组织者未依法向有残疾的考生提供便利的责任】考试举办者、组织者未依法向有残疾的考生提供便利服务的,由本级人民政府或者上级主管部门予以批评并责令改正;拒不改正的,对直接负责的主管人员和其他直接责任人员依法给予处分。

第七十条 【相关主管部门、有关组织的工作人员失职的责任】无障碍环境建设相关主管部门、有关组织的工作人员滥用职权、玩忽职守、徇私舞弊的,依法给予处分。

第七十一条 【损害赔偿及刑事责任】违反本法规定,造成人身损害、财产损失的,依法承担民事责任;构成犯罪的,依法追究刑事责任。

> **知识点** 违反无障碍环境建设规范的法律责任

无障碍环境建设涉及方方面面,各方未履行相关义务或违反相关规定都应当承担对应的责任,具体包括以下几点。

　　工程建设、设计、施工、监理单位未按照《无障碍环境建设法》的规定进行建设、设计、施工、监理的，由住房和城乡建设、交通运输等相关主管部门责令限期改正；逾期未改正的，依照相关法律法规的规定进行处罚（第六十四条）。致使无障碍设施无法正常使用的，设置临时无障碍设施不符合相关规定，以及损坏、非法占用无障碍设施或者擅自改变其用途的，由相关主管部门责令限期改正；逾期未改正的处以相应罚款（第六十五条）。不依法履行无障碍信息交流义务的，由网信、工业和信息化、电信、广播电视、新闻出版等相关主管部门责令限期改正；逾期未改正的，予以通报批评（第六十六条）。电信业务经营者不依法提供无障碍信息服务的，由电信主管部门责令限期改正；逾期未改正的，处一万元以上十万元以下罚款（第六十七条）。负有公共服务职责的部门和单位未依法提供无障碍社会服务的，由本级人民政府或者上级主管部门责令限期改正；逾期未改正的，对直接负责的主管人员和其他直接责任人员依法给予处分（第六十八条）。考试举办者、组织者未依法向有残疾的考生提供便利服务的，由本级人民政府或者上级主管部门予以批评并责令改正；拒不改正的，对直接负责的主管人员和其他直接责任人员依法给予处分（第六十九条）。另外，违反《无障碍环境建设法》规定，造成人身损害、财产损失的，依法承担民事责任；构成犯罪的，依法追究刑事责任（第七十一条）。

第八章 附　　则

第七十二条　【施行日期】本法自 2023 年 9 月 1 日起施行。